AF598707

Cien mil llantos de sirenas

MOISÉS DE TRAVÉ

Aliar ediciones

Corrección: Eladia Guerrero
Diseño de cubierta: Aliar Ediciones
Maquetación: Aliar Ediciones

Depósito Legal: GR 1490-2024
ISBN: 978-84-10374-85-0

Impreso en España

Edita
ALIAR Ediciones
www.aliarediciones.es
info@aliarediciones.es

Cien mil llantos de sirenas

MOISÉS DE TRAVÉ

Prólogo

Este libro ha sido escrito para herir la sensibilidad y hacer llorar al que lo comprenda. Sin velo, es una oda al amor no encontrado y por consiguiente al vacío y la soledad, y a su vez es otra oda a la esperanza de una vida mejor, sin sufrimientos y sin temores.

Este libro crea la ilusión para matarla, este libro es veneno para el mal de amores y cura para el falso amor.

Quiero mostrar mi agradecimiento a algunas personas, en especial a las mujeres que al encontrarse en mi camino han hecho posible su existencia: Miriam, Ana, María y Carmen. Este libro jamás se hubiera publicado si no hubiera conocido a Rocío Sabia, mil millones de gracias por existir.

Moisés de Travé
(Volando Moy)

Detrás de cada gran familia
hay una gran víctima de inocencia infantil.

Poemas sueltos a una almendra

I

Me pareces tan guapa
que cuando me miras
el tiempo se me para
y el miedo se me quita.

Como si besaran mis labios
cuando un cielo se ilumina,
me pareces tan guapa
que me devuelves la vida.

II

No hay alegría más liviana
que ser poeta sin amor
ni tristeza más profunda
que ver llorar su corazón.

III

¿Se puede ver la estrella
de voluntad inquebrantable y férrea
como la marea mira a la luna
o como las olas llegan a la tierra?

IV

Solo son gotas del señor
que dolorido se encuentra,
¡que dolorido se encuentra
a pesar de los años
que aún no han curado
sus heridas abiertas
ni las nuestras!

V

Llega la tuna salvaje al encuentro,
brilla la luna errante a ese beso,
suena la noche difunta en un cuerpo,
mueren los hombres tristes de celos.

VI

¿Qué pensará la golondrina
después de su viaje
cuando a la gente ve
moverse para refrescarse?

Maldita introducción al despertarse

Quiero que me despiertes
solo cuando no pasa nada,
quiero que el mundo sea bueno,
que el dinero no gana.

Después quiero que me digas
todo lo que piensas en cada
momento del día
y bajarte las bragas,
besarte los labios.

Pero no,
ni una mirada
que no quisiste dar,
que no,
ni una caricia esta vez,
de su voz
que es un torbellino
que va directo
al corazón
y su sonrisa es
razón de amor.

Por eso quiero que me despiertes.

Con agua de rocío

Voy a regarte el corazón
con flores de primavera
para que cuando crezca el amor
no te alejes de mi vera.

Voy a regarte la ilusión,
cien mil llantos de sirena,
confundiendo a tu razón
y acabando con tus penas.

Voy a regarte tu jardín
que es lo último que me dejas.

Por mandato divino

Cojo mi lápiz y un papel
que no va a haber ayer
que te derrita los sentidos.

Cojo mis tijeras de barrer
que con ellas voy a hacer
que se te olvide lo vivido.

Cojo mi martillo y un cincel
que no va a haber pared
que se resista a este derribo.

¡Ni palacios, ni castillos!

A Dehesas Viejas

(mi pueblo)

Entre olivos de Jaén
y chaparros de Granada,
junto a dehesas añejas
nació un pueblo en la cañada.

Sus hombres son forjados
del vareo del olivo
y del pastoreo de la cabra
y sus tierras infinitas
con la era que medita
al amor que me guarda.

En el parque que esperaba

En el parque que esperaba
a que jueguen los niños,
la he visto sentada
y ella sentada me ha visto.

¿Qué nos ha pasado
que nos hemos jugado?

El tobogán ya limpio
y nosotros alejados
por unos cuantos miedos
que la ropa ha ensuciado.

¿Qué nos ha pasado
que nos hemos mirado?

En el parque que esperaba
a que jueguen los niños
ella se ha marchado
sin que me haya dicho:

¿qué nos ha pasado
que no hemos jugado?

Amor de panadero

(A Ana)

Sí, sabes que eres tú mi manantial,
el que emerge de la sangre que emana
de esta humildad que a veces gana
de ganancia este vino del grial.

Sí, eres tú, yo un analfabeto
que para lanar letras querría
que la lana fuera esta poesía
y amasara amor de panadero.

Canalizas ya tu nombre o espero,
en manada surge en cada verso
aunque este canal sea tan incierto
que parece la rana de un cuento.

Otras parece abejas de panal,
como droga para analgésico,
anatomía de un léxico
que quiere un amor tendido sanar.

Para salvarlo me tiro en una liana
sin miedo como el canario vuela,
anárquico por escuchar que me amas,
fanático porque no me suena.

Y te llamán virgen

(A Miriam)

Tus bragas fueron de penas
las leyes de mi condena
carcelarias de mi arresto.

Por eso fuiste ídolo
que me sirvió de antídoto
más dañino que el veneno.

Y te llaman virgen
por el traje blanco
manchado de sangre
tras los cristales
y me llaman loco
de enamorado
buscándote en la luna
de los tejados.

El cielo se va empañando
horizonte del ocaso
entre los caminos negros.

Por eso yacen podridos
de cada fruto prohibido
al abrigo de los deseos.

Y te llaman virgen
por el traje blanco
manchado de sangre
tras los cristales
y me llaman loco
de enamorado
buscándote en la luna
de los tejados.

Y sin pensarlo
las heridas se me apagan
por las calles desoladas
como si fueran de sueños.

Soneto viejo

Bajo la luz de un candil escribo este soneto
en una noche para muchos muerta
curando mi cuerpo y mi alma inquieta,
estrellas que se reflejan bajo el fuego.

Ellas están bailando, yo no las veo
en una noche para muchos vieja,
triste, la luz se disfraza de vela
y mi mente no escucha el ajetreo.

¡Tú, oscura, la más distante de todas,
eres la que llama en la penumbra
la locura que llevo a todas horas!

¡Tú, valiente, luz que nunca deslumbras,
déjame ver contigo en cada zona
el calor de mi anhelo en tu ternura!

Amor vagabundo

Dormir no me quita el sueño
que hace de mí otra persona,
alguien que no quiero,
por ti, vivo despierto.

Has vuelto a mi calle
vestida con corales
del mar del olvido.

Rumbo fijo, de repente
sigues el camino
que te marca tu mirada.

A tus pies todo son sombras,
silencios rotos que le gritan
al mundo con vientos y suspiros,
yo, la mayor de esas sombras,
la que un día tocaste y pudiste tener
en el hoy eterno donde existimos
sin reloj ni tiempo,
sin vereda ni espacio.

Y observa que cuando nos vemos
cartones y periódicos
que reposan en la acera

son el hogar donde mi alma
se ensancha para poder amarte.

¡Mi amor es vagabundo
y tú las estrellas!

Siempre te estoy esperando,
luz que alumbras mi existir
en las noches oscuras
de desespero y melancolía,
malditas noches de ceniceros llenos
y tinieblas de humo.

Cuando llegas a mí
con los besos y palabras
sigo esperando al ser
que está conmigo
en esas noches
de desespero y melancolía.
¡Mi amor es vagabundo
y tú su poesía!

Uroboro

Vivo,
como la arena del desierto
o como el agua que lleva el río,
la niebla tiene su meta
en las gotas de rocío.

Siento,
la vida tiene una veleta
que gira y gira sin parar,
las flores todas de colores
en el verde prado del mar.

Muero,
solo ando las carreteras
que pisan mis pies de cera.

A Federico García Lorca

Cantaba jondo el ruiseñor
de jazmines en los tinteros
que adornaban los luceros
de gran bella rima menor.

Del flamenco de las calles
de la Andalucía alegre
que de la hoguera caliente
engordaba sus altares.

De la música profunda
y de la rima incesante
que tu poesía era cante
y tu voz pasión que alumbra.

Cantaba puro el ruiseñor
para cortar el fino aire
de Granada a Buenos Aires
y de las chozas a New York.

Filosofía candente
en pluma llena de sangre
que mata al padre y a la madre
dejando huérfano al que siente.

El cuento de la rosa

Había una vez una rosa
que por amor se marchitaba,
todo el mundo la olía mas ninguno la regaba,
esta pobre rosa moría deshojada.

Mas no le faltaba ni tierra ni mierda,
fundamental si queremos que esta florezca,
de vecina una enredadera
que consejos cientos le daba.

—La culpa es del hombre que puso la verja.
Mas ella nunca hacía caso,
de sus espinas nunca hubo ninguna queja
—deben ser hombres los que siembran—.

Abandonado estaba el sitio
como la casa que allí sola se caía
hasta que por sorpresa un día
se abrió la puerta, entró un hombre y su canino.

Estos a vivir se quedaron
más por ser pobres que por haberlo querido,
la casa, el frío, el hambre y el huerto arreglaron
y la rosa contenta dijo:

—Y ahora qué, enredadera, mira,
hojas nuevas tengo y gracias a este hombre
aquella mala vida ya anhelo,
de ti me despido, dejas de ser mi consorte.

Hubo un tiempo de noches de luna lunera
donde la rosa aprendió a cantar, recitar y bailar,
pero la llamada de un mal vecino
todas las alarmas hizo saltar.

A lo lejos del horizonte se ven venir
los uniformes desarmados
de las personas que han de teñir
la salida de la casa de negros mantos.

Llegó la policía y se acabó la fiesta,
la rosa quedó sola bailando esta canción,
el hombre y su canino a otra ocupación
y gruesos candados y cadenas en la puerta.

Suena temprano la mañana
para los oídos de quien quiere escucharla,
—rosa de amor, color de pasión,
te llevaría conmigo sobre mi corazón—.

Lloraba que lloraba la rosa
solitaria y sin razón,

desconsolada no buscaba nada
pero de la nada un duende apareció.

—Oh, bella rosa, ¿qué te inflige tanto dolor?
—He perdido todo sin merecerlo, señor,
qué injusto y cruel fue mi destino,
que transformó a mi dueño en un peregrino.

—Puedo ayudarte con una condición,
siempre te acordarás de su sonrisa
y haré que cada gota se convierte en otra flor
hasta que el prado llegue con prisa a su vista.

La rosa de repente alegre se quedó
y cada gota esparcida en flor se convirtió,
que lloraba de nuevo y de nuevo otra flor
rompiendo el pavimento hasta su corazón.

Sonriendo en su dicha del duende se despidió
y con mar de hojas a su Moisés se acercó
y colorín y colorado
este cuento no ha acabado.

Por cada

Por cada abrazo sincero
cambio mi mundo de color,
por cada sueño suplido
crece la vida en su interior.

Por cada lágrima un beso,
por cada gota una flor,
por cada ventana aire fresco (un lucero),
por cada reflejo mi sol.

Por cada llanto un *te quiero*,
por cada recuerdo un *adiós*,
por cada muerte un *te espero*,
por cada encuentro mi amor.

Un te quiero

No hay nada más bonito
que tus ojos y el cielo
ni nada más sencillo
que decirte un *te quiero.*

Porque anidas las ideas
que brotan de mis deseos,
no hay nada más sencillo
que escribirte estos versos.

Porque en el fuego eres cal
y en la noche puro sueño
no hay nada más sencillo
que robar tu sentimiento.

Tus ojos

(Teosofía)

Desde la primera vez que te vi
ando loco por tus huesos
y no pienso en otra fosa,
en otra losa yo me pierdo.

Y no miro a otro lugar,
tus ojos son el centro
de un mundo entero
donde se acaba el sufrimiento.

Teosofía, amor, encuentro,
sentido de la orientación,
equilibrio, razón y sueños.

Filosofía, verdad, no miento,
sentido de la intuición,
palpitación, pasión y universo.

Inocencia

Escribir palabras
para un papel en blanco,
florecen las ideas
que se riegan con los llantos.

Ya no estoy tan solo
ni mal acompañado,
me quedan estas huellas
que borran un pasado.

Transcurrir de un conocimiento
que se transmite con los años,
programo los poemas
que a la vez me están llamando.

Me llaman inequívocos,
sin tachones, sin dudarlo,
como canción infinita,
como el cantar de los pájaros.

Pseudocódigo de un cariño
con sentimientos variados
que dan como resultados
la inocencia de un niño.

Ya no estoy tan solo
ni mal acompañado,
me sobran estas letras
que al sentir están guiando.

A Granada

La cabeza de Granada
se adorna de Albaicín,
su espalda es un barranco
y sus pies el río Genil.

La cabeza de Granada
sueña con Al-Ándalus
y enloquece con la luna
que refleja la Alhambra.

La cabeza de Granada
sí sabe lo que es amar,
ríe cuando llegas
y llora cuando te vas.

La cabeza de Granada
se parece mucho a ti,
por las dos estoy medio loco,
por las dos me voy a morir.

Alimañas

En la noche de los sueños
fui perdiendo la ambición,
durmiendo cada deseo
que en cada recuerdo se quedó.

En la noche de los sueños
y en los bares la ilusión
que con el humo del cigarro
se enganchó a mi corazón.

Y no fue nunca un secreto
solo sombra de ese sol
que con esperanza me decía
que algún día tendría su calor.

Fue tan oscuro el desengaño
que se apagó hasta la canción
que sonaba entre mis manos
como los ecos de mi voz.

Desde entonces vivo siempre
errante y sin dolor,
errante y sin calor,
errante y sin amor.

Alimaña, alimañas,
alimañas somos todos
porque la vida no acaba,
porque después de la voz
donde el silencio siempre gana
queda una verdad infinita
como la luz de la mañana,
alimañas de la nada.

La condena

El preso evita al amor
como su miedo la condena,
por eso cuando llora
no llora él, llora su pena,
versos rotos dentro
de un reloj de arena.

Una lágrima que sabe a mar
o un quejido de Jesús por Triana,
una herida llena de sal,
dolor de cabeza después de jarana.

Y es que
el miedo evita al amor
como el preso su condena,
por eso cuando escribo
no escribo yo, escribe mi pena,
versos rotos dentro
de este reloj de arena.

Una lágrima que sabe a mar
o un quejido de Jesús por Triana,
una herida llena de sal,
dolor de cabeza después de jarana.

Ayer

Ayer tu alma de vela
se esfumó por los instantes;
también se apagó la hoguera
que lloraba las saetas
¡ay! del amor todos sus males.

Ayer te iba perdiendo
cuando eras agua en mis manos;
de nuevo apareció el deseo
de querer darte el beso
¡ay! que ni soñando te he dado.

Me siento tan triste

Me siento tan triste esta noche
que podría contarle al viento
una a una las heridas que llevo.

¡Me siento tan triste
que si lloro me alegro!

También podría escribirte
versos de amor,
ir a tu casa,
recitarlos en el balcón,
pero aquí estoy
escribiendo versos de amor
solo y desnudo
en mi estrecha habitación.

¡Me siento tan triste
que me alegro si muero!

Autorretrato

18/08/2024

Solo soy juguete de agua pasada,
o vida próxima o muerte temprana,
con un espejo abro cien mil ventanas,
no soy nadie pero tampoco nada.

Sí, tengo erecciones de madrugadas,
por la tarde lloro, por la noche alas,
en los sueños me despierta un hada,
me recuerda tu aliento, no tu cara.

Solo soy florero de agua estancada
donde beben colibrís en caladas,
no tengo dueño, espero a mi amada,
pierdo los dineros pero no la esperanza.

Sí, tengo elecciones que me atrapan
y un amor limpio y puro como el agua,
por la tarde lloro, por la noche alas
y cuando te veo me muero de ganas.

Si es por conocer

Si es por conocer,
la maestra es la experiencia
creando ilusiones
en nombre de las ciencias.

De mentira en mentira
y de fracaso en fracaso
nadie como el poeta
conoce el desamparo.

Si es por conocer,
la mente se acumula
de libros abiertos
en beneficio de la duda.

De desamor en desamor
y de fracaso en fracaso
nadie como el poeta
conoce el descalabro.

¡Sacadme de aquí!

¡Sacadme de aquí!
Solo habitación.
¡Sacadme de aquí!
De lo oscuro al sol,
del frío al calor.

Si tienes mal de amores
entenderás esta canción
porque habitas solo
la oscuridad del sol.

¡Sacadme de aquí!
Roto corazón.
¡Sacadme de aquí!
Del sufrir al amor,
de la ruina al don.

Si tienes mal de amores
y comprendes esta canción
es que tienes el corazón roto
de sufrir por amor.

Delta

No tengo miedo del suceder del tiempo,
el dolor enseña si la herida es cierta,
accidente claro de naturaleza
no buscar nada y encontrar tierra y cielo.

Es por eso por lo que me apena,
es por eso por lo que lo siento,
una claridad infinita
como el universo.

Tengo claro dónde me llevan mis sueños,
estar más de allí, donde me lleva el viento
con un mar cegado que espera un encuentro
sobre un río de lágrimas de sentimientos.

Es por eso por lo que serena,
es por eso por lo que lo siento,
una claridad infinita
como el universo.

Tierra que suspira

De Sevilla a Granada
un amor nace,
un deseo llama
y un corazón canta.

De Granada a Sevilla
las flores se marchitan
y caen las penas
en la arena de la orilla.

De Sevilla a Granada
y de Granada a Sevilla
escriben los poetas
a esta tierra que suspira.

A Miguel Hernández

(A Victoria)

Qué pena, Miguel, que los buenos no ganaran,
qué pena que te fueras y que nos dejaras.

Con tus versos desgarradores del alma
vienen los arcángeles con sus campanas.

Un día fui a verte a la puerta de tu casa
y lloré tu huerto viendo que no estabas.

Bonitos frutos que han dado a mis alas
lágrimas de amor, la cebolla de tu nana.

Qué pena, Miguel, que los malos te mataran.

Señora, señora

(A lo más bello que vieron mis ojos)

Señora,
¿sabe usted sobre mi amor?
¿cómo llora a cada rato?
¿cómo anhela su calor?
¿cómo rompe las barreras?
¿cómo te escribe esta canción?

Señora,
«sabe usted», mi corazón,
reírnos entre rato y rato,
hacer de este mundo mejor,
mirarnos a los ojos
y decirnos todo sin voz.

¡Dios, Sofía!

Índice

Este libro se terminó de editar en Granada
en octubre de 2024 por

Aliarediciones

www.aliarediciones.es

info@aliarediciones.es